Pour Gabriel, parce qu'en fin de compte, c'est génial d'être le grand frère.

Roger Judenne

www.editionslito.com

La CRISE d'appendicite

Éditions Lito

Roger Judenne
Illustré par Amandine Wanert

La CRISE d'appendicite

A B C D E F
Mathématiques
4+6=10
5+5=10

L'institutrice

Jamais vu une crise aussi fulgurante ! Et pourtant, des enfants malades, j'en ai rencontrés en trente ans d'enseignement.

Il était environ quatorze heures. Nous commencions le contrôle d'orthographe. J'ai donné la consigne et j'ai dit de prendre le temps de lire soigneusement l'exercice. Certains se jettent sur le travail sans même savoir ce qu'il faut faire. Puis j'ai arpenté la classe pour vérifier que tous les enfants se mettaient au travail. Brusquement, au milieu du silence, il y a eu un grand cri, une vraie déchirure. Tout le monde a sursauté, moi la première.

Au deuxième rang, près de la fenêtre, le petit Antoine se tordait en hurlant. Je me suis précipitée vers lui. D'abord, j'ai cru que Jessica l'avait piqué. J'ai beau lui interdire de jouer avec son compas, elle le tripote du matin au soir. C'est une gamine très dure. C'est pourquoi je l'ai placée à côté d'Antoine. Lui, il est si calme, si doux, si sensible…

– Mais qu'est-ce qu'elle t'a encore fait ? ai-je demandé à Antoine.

Le pauvre petit pressait ses genoux remontés contre son ventre avec toute la force de ses deux petites mains. Il se tortillait dans tous les sens et souffrait tellement que j'ai eu l'impression qu'il ne m'entendait pas.

– C'est pas moi ! Je lui ai rien fait ! protestait Jessica en levant le bras vers son visage.

À mon avis, elle a l'habitude de prendre des gifles chez elle. Je l'ai écartée et je me suis penchée vers Antoine.

– Qu'est-ce que tu as ? Parle. Dis-moi où tu as mal.

Il était roulé en boule, comme un hérisson et ne répondait pas. J'ai essayé de lui repousser les bras, pour voir, mais je n'y suis pas parvenue. Il continuait à crier. En lui relevant le visage, j'ai constaté qu'il était tout blanc et que ses yeux se révulsaient. J'ai pris peur.

– Amandine, ai-je commandé, va chercher le directeur.

Chloé
Léo
Sophie
4+6 =
5+5 =

Jessica

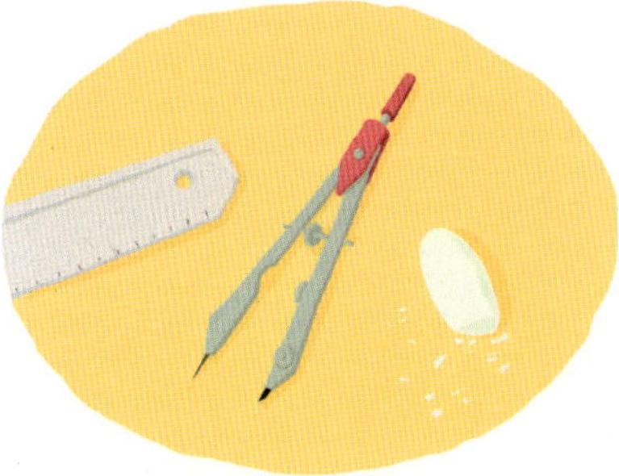

Mon compas, il était même pas ouvert. La maîtresse, elle m'est tombée dessus alors que j'avais rien fait. Comme d'habitude. C'est toujours moi qui trinque. Depuis le début de l'année, c'est comme ça. Elle peut pas me voir. Une règle dégringole ? « Jessica, cesse de t'agiter ! » Il y a des bavardages ? « Jessica, retourne-toi et travaille ! » J'en ai marre, à la fin.

D'abord, le Antoine, c'est un bébé. Il peut pas courir sans tomber. Il rapporte et va se plaindre aux maîtresses. « Oh, mon petit Antoine, ils t'ont encore fait tomber. Reste près de nous, on va les empêcher de te faire mal. » Ce matin, il jouait déjà pas. À midi, il a rien mangé et la dame de la cantine s'est fâchée pour qu'il avale trois cuillerées de yaourt. Toujours quelque chose de travers celui-là. Dehors, il a pleurniché, et paraît qu'il a dit à Juliette que c'était parce que sa mère allait à l'hôpital tantôt. Juliette, c'est son amoureuse. Il raconte tout à Juliette. D'abord, c'est même pas à l'hôpital qu'elle va, sa mère. C'est à la maternité. Elle attend un bébé, alors elle va à la consultation. C'est même pas grave. Moi, je sais. Ma grande sœur est enceinte, même que le docteur lui a dit qu'elle allait avoir des jumeaux. La mère d'Antoine, elle l'a rencontrée à la consultation.

De toute façon, je me demande si c'est pas la trouille du contrôle d'orthographe qui lui faisait mal au ventre. D'habitude, il a toujours la meilleure note et là, je crois bien qu'il avait rien compris et qu'il avait peur d'en avoir une très mauvaise. Depuis quelques jours, j'ai bien remarqué qu'il était dans la lune du matin au soir et qu'il n'écoutait plus rien. Maintenant je me méfie et je copie moins sur lui. Quand on a bon tous les deux, la maîtresse est bien obligée de croire que je sais. Mais quand Antoine ne sait pas, il faut que je me méfie ; si je recopie la même erreur que lui, c'est forcément bizarre.

La maîtresse m'a poussée en arrière. Je me suis levée pour lui dégager la place et je suis restée debout, dans l'allée. Après, le directeur est venu et il a essayé de savoir où il avait mal. Mais Antoine ne répondait rien. Alors le directeur l'a porté dans ses bras. En sortant de la classe, il a dit à madame Lignard :

– Apportez-moi sa fiche de renseignements. Je vais téléphoner à ses parents.

Sa mère, il l'aura certainement pas puisqu'elle est à la maternité. Et puis son père, c'est pas sûr qu'il réponde : il est boulanger et comme il travaille la nuit, à cette heure-ci, il dort.

A B C D
H I J K L
4+6=10
5+5=10

Le père d'Antoine

Des journées comme ça, il n'en faudrait pas beaucoup dans une année pour tomber fou !

D'abord, le commis qui vous téléphone à quatre heures du matin pour vous annoncer au dernier moment qu'il est malade et qu'il ne viendra pas. Et moi qui avais travaillé toute la nuit ! Se retrouver tout seul avec les fournées de pains sur les bras une heure avant l'ouverture de la boutique, c'est pas du gâteau. Et quand je dis que c'est pas du gâteau... pour un boulanger-pâtissier... Excusez-moi. Je n'ai pourtant pas le cœur à plaisanter.

Donc, j'ai fait mon travail et le travail du commis. Et puis j'ai aidé ma femme dans la boutique. Elle est enceinte, elle ne doit pas porter les corbeilles de pains. C'est trop lourd, le médecin le lui a défendu. À huit heures, j'ai tenu la caisse pendant qu'elle allait préparer Antoine pour l'école. Pauvre gosse. C'est à peine si j'ai eu le temps de l'embrasser avant qu'il parte. On n'a pas le temps de s'occuper de lui en ce moment. Vous savez ce que c'est dans le commerce... Puis il y a eu la livraison de farine, la préparation des croissants, les pâtisseries, le framboisier de vingt-deux parts pour l'anniversaire de madame Hermeline. J'ai nettoyé les machines, j'ai pétri la seconde fournée de pains, j'ai mis la pâte dans l'étuve pour qu'elle lève. Enfin, je n'ai pas eu le temps de boire un verre d'eau de toute la matinée.

Vers 13 heures, quand je suis monté dans l'appartement, ma femme partait. Elle avait rendez-vous avec le gynécologue de la maternité.

– Je prends la voiture, m'a-t-elle dit en me montrant les clés. Tu n'en as pas besoin ?

– Non. Je mange en vitesse et je redescends dans le fournil pour mettre la seconde fournée en cuisson. Pendant qu'elle cuira, je ferai un petit somme. Ne te tourmente pas.

Si tu dois attendre deux heures comme l'autre fois, j'ouvrirai la boutique à seize heures.

– La dernière fois, c'était exceptionnel. Il y avait trois accouchements en même temps. Le docteur devait faire face à l'urgence. Normalement, je serai de retour autour de 15 heures.

La naissance de notre deuxième enfant devrait avoir lieu dans six semaines. Ce sera une petite fille, je suis content. Pourvu que le docteur ne dise pas à ma femme qu'elle se fatigue trop et qu'elle ne doit plus mettre les pieds dans la boulangerie. Comment ferais-je ?

J'ai mangé en vitesse et je suis redescendu pour mettre au four les cent cinquante pains que j'avais préparés en fin de matinée. C'est un four automatique. Trois quarts d'heure et il sonne. Les pains sont cuits et il faut défourner. En attendant, je me suis allongé sur le relax que j'ai installé dans le fournil, histoire de dormir un peu avant la réouverture du magasin.

Ah ! je n'avais pas fermé les yeux depuis dix minutes que le téléphone a sonné. Le directeur de l'école m'informe qu'Antoine se tord en se tenant le ventre et que, si je ne viens pas le chercher tout de suite, il appelait le SAMU pour le transporter aux urgences.

– Ce n'est probablement pas grand-chose, me rassura-t-il, mais c'est plus prudent de faire un examen. C'est peut-être une crise d'appendicite.

– Mais je suis tout seul et j'ai cent cinquante pains en cours de cuisson ! Je ne peux pas m'absenter maintenant, ai-je répondu au directeur. Je préviens la voisine. Elle arrive dans cinq minutes.

J'ai couru chez Martine. Je lui ai dit que j'étais complètement débordé, qu'il fallait qu'elle accompagne Antoine aux urgences.

– Comptez sur moi. Je m'en occupe et je reste avec lui jusqu'à ce que votre dame revienne. Elle n'aura qu'à me rejoindre à l'hôpital.

Une chance, un taxi passait dans la rue. Martine a enfilé un gilet et elle est montée dans la voiture qui s'est immédiatement éloignée en direction de l'école.

TAXI

Le chauffeur de taxi

Une femme de service avait ouvert le portail de l'école pour que le taxi puisse s'approcher des classes. J'ai fait décrire un demicercle à la voiture dans la cour de façon à ne pas avoir à faire de manœuvre pour sortir et j'ai stoppé devant la salle d'accueil. La cliente est descendue et elle a rejoint le directeur qui l'attendait sur le seuil. L'enfant était recroquevillé sur un siège. Le directeur lui a dit :

– Il n'a pas voulu s'allonger. Pas moyen de le déplier. Si c'est une crise d'appendicite, elle est aiguë.

Le directeur semblait bouleversé. Il a pris le gosse dans ses bras et il l'a installé à l'arrière de la voiture. Il a l'air de bien s'occuper des enfants, cet homme-là.

La femme s'est assise à côté du petit. Elle lui entourait les épaules et parlait doucement pour le calmer. J'ai démarré. Au premier carrefour, je me suis engagé dans le boulevard du Général-Chasles pour rejoindre la rocade le plus rapidement possible. En début d'après-midi, il n'y a pas beaucoup de circulation ; ça roulait bien.

– On devrait y être dans moins de cinq

minutes, ai-je dit en levant les yeux pour les voir dans le rétroviseur.

L'enfant geignait en continu et, parfois, il avait des haut-le-cœur qui me faisaient craindre qu'il ne vomisse sur le siège. La femme lui caressait les cheveux en lui parlant tout bas. Je n'ai pas distingué ce qu'elle disait, mais ce devait être des mots pour l'apaiser. J'ai mis moins de cinq minutes pour rejoindre l'hôpital. Je n'y étais jamais allé. On pénètre en voiture à l'intérieur même du bâtiment des urgences. C'est pratique.

Dès que je me suis arrêté, deux hommes en blanc se sont approchés avec un chariot. Ils y ont installé le petit. La femme lui tenait la main. Et puis hop ! ils ont tous disparu dans le couloir.

Il faudra que je retourne à la boulangerie.
Elle ne m’a pas payé, la dame…

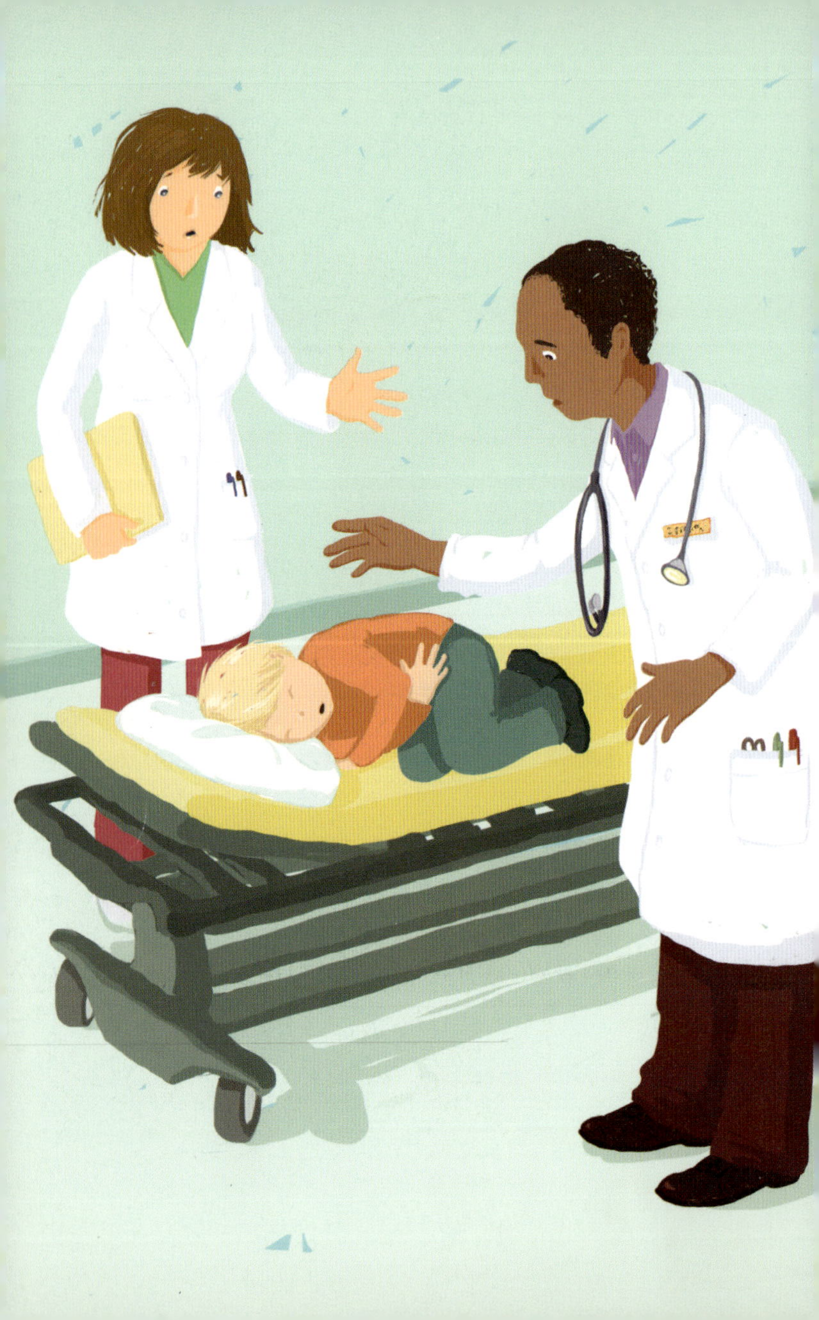

Le médecin des urgences

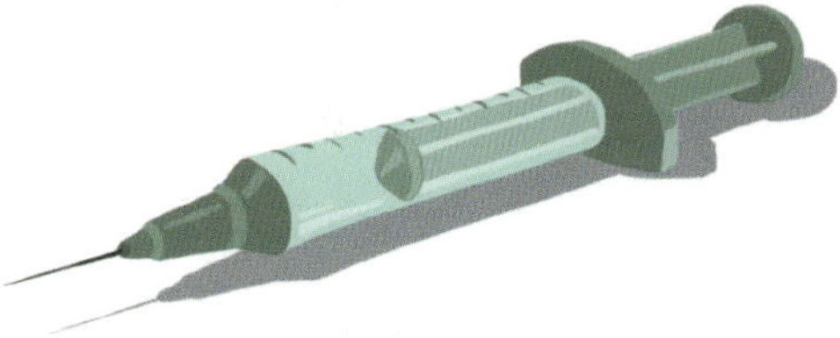

Évidemment, l'enfant qu'on a amené aux urgences en début d'après-midi se plaignait et hurlait dès qu'on approchait les mains de son ventre.

– Crise d'appendicite aiguë ! a annoncé l'infirmière de l'accueil.

Il présentait effectivement les symptômes d'une crise d'appendicite : un peu de fièvre, des nausées, des douleurs localisées à la fosse iliaque droite… Mais une appendicectomie chez un enfant de six ou sept ans, ce n'est pas anodin. Je lui ai fait une prise de sang et j'ai demandé qu'on établisse un hémogramme. J'ai eu le résultat très rapidement. Bien sûr, le nombre de globules blancs était faible, ce qui avait tendance à confirmer la crise d'appendicite, mais j'ai préféré compléter les examens en demandant à mon confrère, le docteur Guilvain, de pratiquer une échographie.

– Le docteur Guilvain est saturé, m'a répondu la secrétaire. Cinq patients attendent. Des échographies urgentes. Il ne pourra pas l'examiner avant 17 heures.

Le petit Antoine pouvait patienter deux ou trois heures. J'ai dit à l'infirmière de lui injecter un sédatif et de l'installer dans une chambre.

Et puis le SAMU nous a apporté sept blessés ; un carambolage venait d'avoir lieu sur la bretelle d'autoroute. Je n'ai revu le petit que le soir.

Albane

L'infirmière

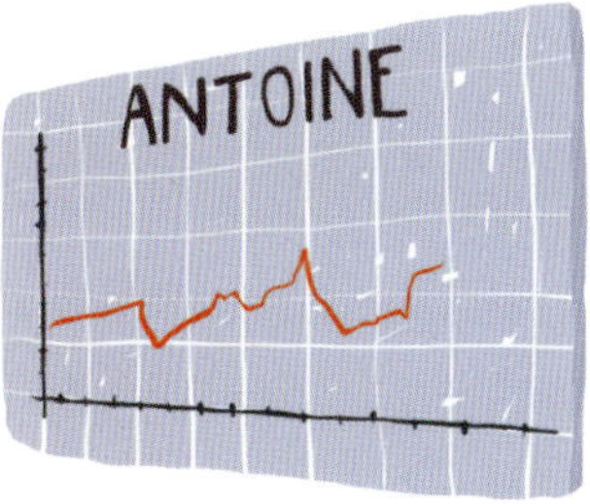

– Vous allez l'opérer ? m'a interrogé la dame qui accompagnait cet enfant.

Elle avait une cinquantaine d'années. Au début, j'ai pensé que c'était la grand-mère du petit.

– Vous êtes de la famille ? ai-je demandé.

– Non. Je ne suis qu'une voisine. Alors, si vous devez l'opérer, je préférerais que vous voyiez ça avec ses parents. Pour l'autorisation, vous comprenez.

L'enfant ne voulait pas rester allongé. Il s'était à nouveau recroquevillé, les genoux repliés contre le ventre, comme pour empêcher qu'on y touche. C'était un beau petit bonhomme, un peu pâle, un peu fragile. J'ai un petit garçon de son âge. Son regard rempli de détresse m'a touchée. Je me suis assise à côté de lui, sans le toucher, et je lui ai dit :

– Comment t'appelles-tu ?

Il n'a pas répondu. Aucune larme ne sortait de ses yeux, mais il émettait une plainte continue, comme un animal blessé, épuisé de geindre depuis des heures. J'ai ajouté :

– Il y a trop de monde dans cette salle. Je vais t'emmener dans une chambre où tu seras plus tranquille. D'accord ?

C'est à partir de ce moment qu'il a commencé à réclamer sa mère.

– Maman… Je veux ma maman… Maman…

J'ai roulé le lit dans le couloir. Ses plaintes se sont poursuivies, sauf que les gémissements incompréhensibles se sont transformés en une sorte de chanson monotone où il répétait sans cesse : « Maman… Je veux ma maman… Maman… » La dame m'a emboîté le pas et m'a précisé :

– Ses parents sont boulangers. Le père n'a pas pu l'accompagner parce qu'il a du pain en train de cuire. La mère est partie en consultation à la maternité. Elle le rejoindra dès qu'elle pourra.

Puis la dame a pris une voix un peu niaise, s'est tournée vers le petit et s'est adressée à lui comme à un bébé :

– Maman va venir tout de suite, mon chéri. Maman est partie voir le docteur des bébés. Mais ce ne sera pas long…

C'est drôle, dès qu'on est entré dans la chambre, j'ai eu l'impression qu'il changeait d'attitude. Bien sûr, il continuait ses « Maman… Je veux ma maman… », mais il s'est allongé et, quand je lui ai dit que j'allais lui faire une piqûre pour apaiser la douleur, il n'a pas résisté ; il a tendu son petit bras et n'a pas seulement cligné des yeux quand j'ai enfoncé l'aiguille dans sa veine.

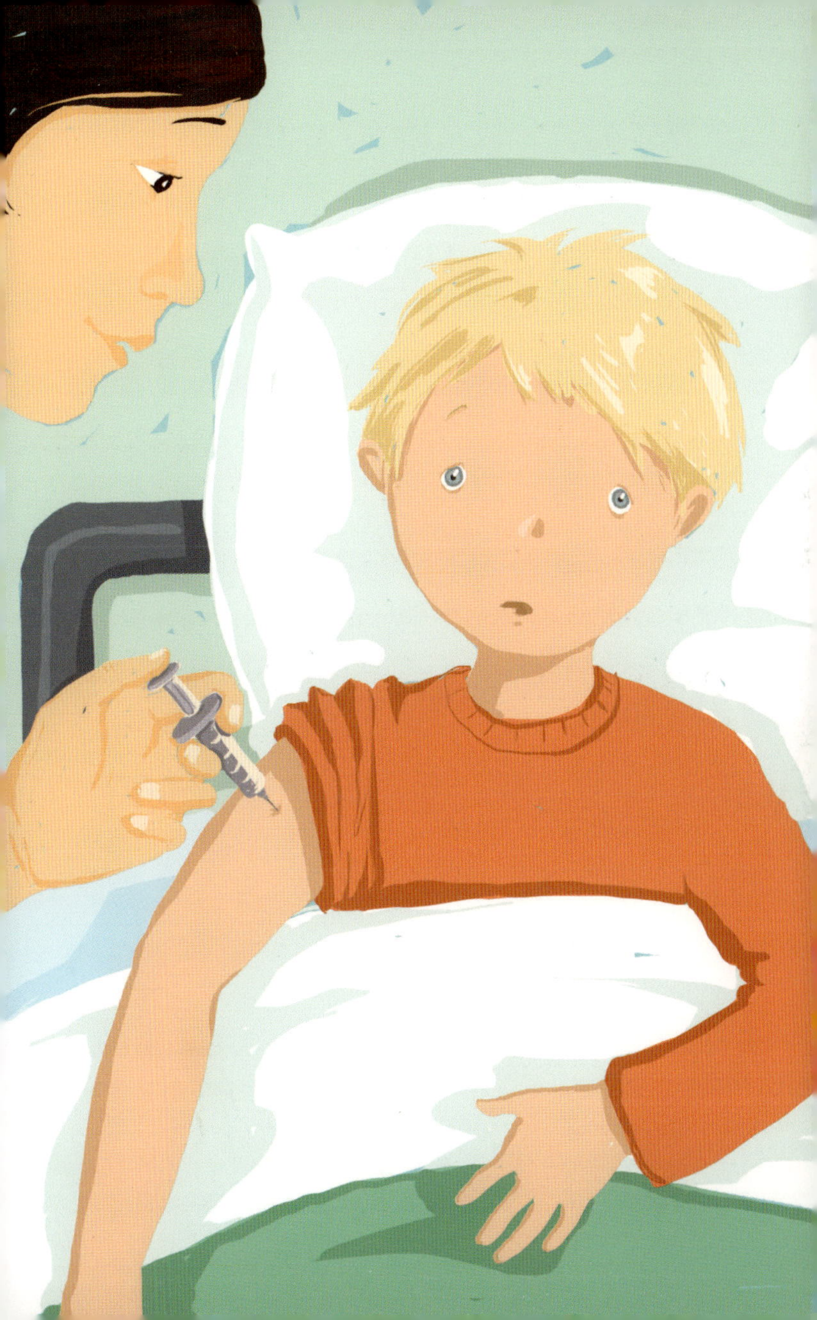

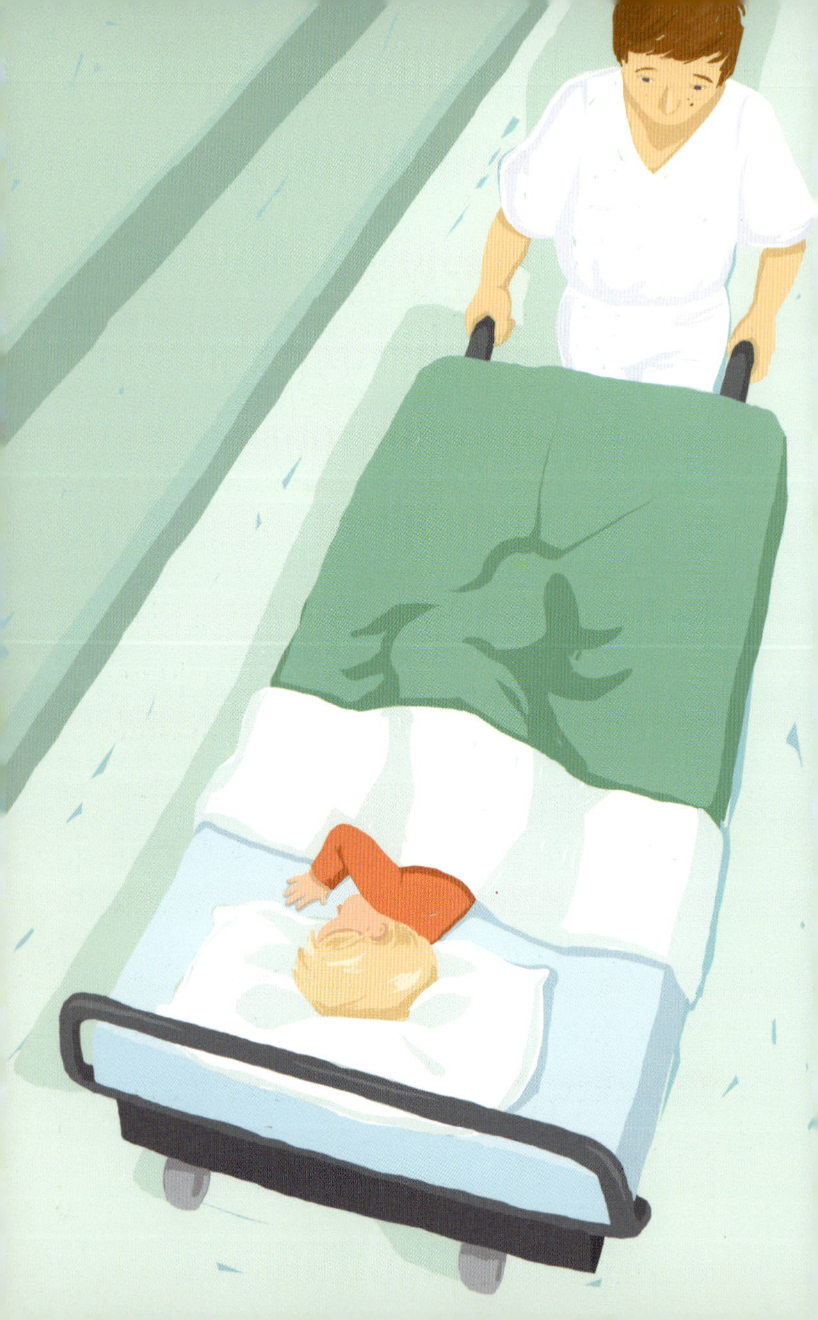

Martine

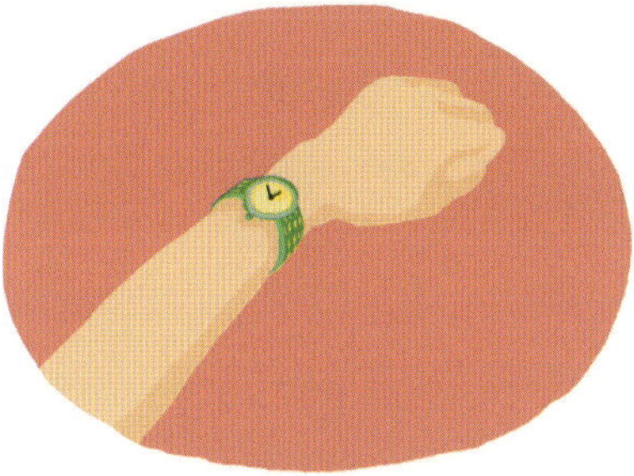

Antoine s'est détendu et s'est endormi peu de temps après que l'infirmière lui a fait la piqûre. J'étais soulagée. Pendant ce temps-là, il ne souffrait plus. Encore que, c'est très curieux, dans son sommeil, il continuait à appeler sa mère. Il continuait à murmurer ses « Maman… Je veux ma maman… » d'une voix désespérée qui m'arrachait le cœur. Pauvre petit. Je crois bien qu'il souffrait encore plus de l'absence de sa mère que de son ventre.

Plus tard, un homme en blanc, un aide-soignant sans doute, est venu le chercher pour passer l'échographie. Il l'a soulevé délicatement et l'a posé sur un chariot, sans même le réveiller.

– Continue à dormir, bonhomme, a-t-il dit. On va faire une petite promenade.

– Il y en a pour combien de temps ? ai-je demandé.

– Une vingtaine de minutes. Vous pouvez attendre ici.

Il a poussé le chariot et il est parti. Je suis restée seule, sans savoir quelle attitude adopter. Tourner dans une chambre vide, ce n'est pas drôle. J'avais vu des téléphones en arrivant. Je suis sortie de la chambre et j'ai téléphoné à Pierre. Pauvre Pierre. C'est un garçon courageux. Il travaille jour et nuit. En ce moment, il est débordé. Il devrait embaucher un second commis. Il l'aime bien son petit Antoine, mais il n'a pas beaucoup le temps de s'en occuper. Je suis sûre qu'il est bien malheureux de ne pas avoir pu accompagner son petit à l'hôpital. Quand le directeur l'a appelé et qu'il a été obligé de dire qu'il allait chercher la voisine, il a dû avoir mauvaise conscience. C'est pourtant tout le contraire d'un père négligent.

– Antoine s'est calmé. Il a même dormi. Pour l'instant, on lui fait une échographie. Le docteur ne sait pas encore s'il va l'opérer.

– J'ai eu ma femme au téléphone il y a dix minutes. Elle arrive.

La mère d'Antoine

J'avais coupé mon portable avant le rendez-vous. Je l'ai rallumé en sortant de la maternité. Une intuition, sans doute. Le gynécologue m'avait prescrit un médicament et j'avais l'intention de passer à la pharmacie avant de rentrer à la maison. Je voulais prévenir Pierre. Je l'ai appelé.

– Antoine est aux urgences. Le directeur m'a téléphoné. Possible que ce soit l'appendicite. Cent cinquante pains dans le four, je n'ai pas pu l'accompagner.

– Mon Dieu ! Mon petit Antoine !

– Martine est avec lui. Elle reste à l'hôpital jusqu'à ce que tu arrives.

– Je saute dans la voiture et j'y vais.

– Prends plutôt un taxi. Dans ton état ce sera plus rapide et prudent. Embrasse notre petit bonhomme et téléphone-moi pour me tenir au courant.

– Pourvu que ce ne soit pas une péritonite !

– Dis à Martine de repasser à la boulangerie. Il faut ouvrir la boutique. Tout seul, je n'y arriverai pas.

Mon cœur battait très fort et je me suis mise à pleurer. J'ai pris un taxi et, quand j'ai dit « À l'hôpital, les urgences », le chauffeur a observé mes larmes et mon désarroi et il a demandé : « C'est pas trop grave, au moins ? » Je ne crois pas lui avoir répondu.

J'étais très tourmentée. Mon petit garçon ! C'est la première fois qu'il est hospitalisé et il est tout seul.

La route m'a paru interminable.

– On l'a mis dans une chambre, m'a indiqué l'infirmière de service. Ne soyez pas inquiète, il est calme mais il vous réclame depuis son arrivée.

– Il va être opéré ?

– Le docteur Guilvain est en train de lui faire une échographie. La décision n'est pas prise et comme la crise semble passer…

– Je peux le voir ?

– Je ne sais pas s'ils l'ont déjà remonté de l'échographie. Suivez-moi.

J'ai compris qu'ils l'avaient ramené parce que, avant d'entrer dans la chambre, j'ai entendu ses « Maman… Je veux ma maman… » Il ne parlait pas très fort, mais sa voix suppliante m'a bouleversée.

– Je crois bien qu'il est en train de se rendormir, m'a dit Martine quand je suis entrée.

Sa tête était penchée sur le côté et ses yeux fermés étaient bordés de cernes sombres. Qu'il avait l'air fatigué ! Je me suis forcée au calme et je me suis assise près de lui, sur la chaise que Martine m'a approchée. Son visage très blanc se détachait à peine du blanc de l'oreiller. J'ai pris sa petite main dans la mienne ; elle était toute moite, toute molle. J'ai caressé son front. Sa voix s'est assourdie et ses « Maman » se sont progressivement éteints, mais il n'ouvrait pas les yeux.

– Je suis là, ai-je murmuré. Je reste avec toi.

Petit à petit, sa respiration s'est faite plus régulière et il s'est endormi. Moi, j'ai continué à caresser sa main, comme quand il a peur la nuit et que je reste au bord de son lit pour le rassurer.

– Bon, puisque vous êtes là, a dit Martine, je m'en vais.

J'étais sur le point de lui demander d'aller aider Pierre, quand elle a ajouté :

– Je vais passer à la boulangerie. Pierre doit avoir besoin de moi.

Elle a fermé le bouton du haut de son gilet et elle est partie sur la pointe des pieds pour ne pas réveiller Antoine.

Le docteur Guilvain

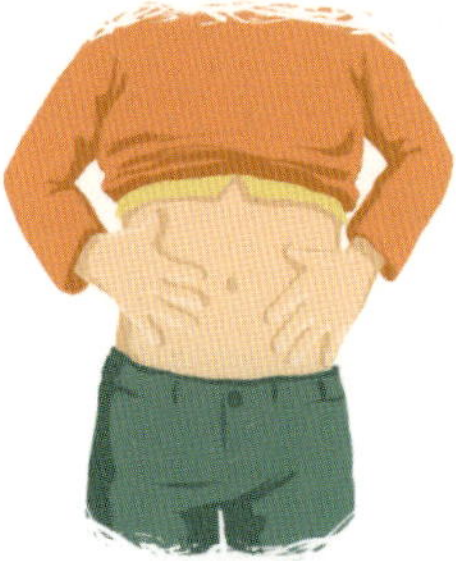

L'échographie ne révélait rien d'anormal. J'ai aussitôt fait le point avec mon collègue des urgences et, comme l'hémogramme n'était pas alarmant, on a décidé de placer cet enfant en observation. Il n'y a pas nécessité de l'opérer sur-le-champ. L'origine de la crise reste indéterminée. On l'examinera à nouveau demain matin. Après une bonne nuit, il est possible qu'il n'y ait plus aucun symptôme. Dans ce cas, il repartira chez lui.

17
18

L'infirmière de nuit

À vingt heures, quand j'ai pris mon service, l'aide-soignante m'a dit que la mère avait demandé à passer la nuit ici, que l'enfant avait mangé une compote et qu'il n'y avait pas de souci à se faire parce qu'elle s'en occupait.

On lui a proposé un relax. Ce n'est pas très confortable pour une femme enceinte, mais elle a répondu que ce serait parfait.

La maman s'est allongée à côté du lit du petit. C'était très touchant parce qu'elle lui tenait la main et le caressait sans cesse. Elle lui parlait d'une voix très douce. Le petit garçon l'écoutait, ses grands yeux bleus plongés dans ceux de sa mère.

J'ai doucement tiré la porte et je suis partie pour faire le tour des autres chambres. Dans la 117, un vieil homme qui venait d'être opéré d'un ulcère à l'estomac faisait des hémorragies. Il fallait que je le surveille de près.

La nuit, quand les lumières sont éteintes et que seules les veilleuses éclairent les couloirs, quand les malades dorment et que les chambres sont silencieuses, il y a une atmosphère mystérieuse dans l'hôpital. Je passe dans les chambres pour réguler les perfusions, vérifier le débit des appareils à oxygène, contrôler les voyants des enregistreurs. Parfois, un malade pris d'insomnie m'arrête d'un mouvement de main. Alors je m'assieds près de lui et je l'écoute me raconter à mi-voix sa douleur, ses peurs, les raisons de sa présence ici. Alors l'ulcère du 117 devient monsieur Merlaud et la double fracture du tibia devient Mélissa, écolière de CM1, qui a fait une chute en rollers sur la promenade des Charbonniers.

Plusieurs fois dans la nuit je suis passée devant la chambre du petit Antoine. Il ne devait pas dormir parce que sa mère lui parlait. Je ne sais pas ce qu'elle lui racontait, mais c'était tendre et j'aurais voulu que tous les petits garçons de l'hôpital aient une maman comme elle à leur chevet.

– Quand le bébé sera né, toi, tu seras mon grand garçon. Une jeune fille m'aidera à la boulangerie ; toi, tu n'auras plus besoin de rester à la cantine. Le midi, on mangera tous ensemble, enfin, quand la petite sera assez grande pour déjeuner avec nous.

Le dimanche, on ira tous les quatre se promener à la campagne et, si tu veux, tu pousseras le landau…

– … et je ferai bien attention de ne pas rouler sur les pierres pour ne pas la secouer…

Je suis repassée toutes les heures. À trois heures du matin, j'ai poussé la porte et je suis entrée sur la pointe des pieds. Je croyais qu'ils dormaient. Mais non ; ils avaient tous les deux les yeux grands ouverts. J'ai murmuré à la maman :

– Il n'arrive pas à dormir ? Voulez-vous que je lui donne une cuillerée de sirop ?

– Oh non, ça va…

Elle n'avait plus du tout l'air inquiète. J'ai posé ma main sur le front du petit pour vérifier qu'il n'avait pas de fièvre et, comme ses yeux bleus me dévisageaient, je lui ai demandé :

– Tu as toujours mal ?

Sa réponse m'a étonnée ; il m'a répondu très poliment :

– Non, madame ; je n'ai plus mal au cœur.

Pour Antoine
Juliette

Juliette

Antoine est rentré chez lui dans l'après-midi. Moi, je suis allée le voir pour lui porter ses leçons et puis aussi parce qu'on est très copains tous les deux. Peut-être même qu'on se mariera ensemble quand on sera grands…

Qu'est-ce que j'ai eu peur quand le directeur l'a emporté dans ses bras en disant que c'était sans doute une crise d'appendicite et qu'il fallait le conduire aux urgences ! Surtout que les autres, Jessica et toute sa bande d'idiots, rigolaient en disant qu'on allait lui couper les boyaux du ventre et lui faire des grosses piqûres de sang dans les veines des bras. Des débiles !

Quand je suis rentrée chez moi, à cinq heures, j'ai fait ma queue de cheval et je l'ai attachée avec le chouchou pailleté qu'Antoine m'a offert pour mon anniversaire. Et puis j'ai mis mon jean noir, celui qui a des boucles dorées aux poches. L'autre jour, il m'a dit que j'étais belle avec. Je lui ai fait des beaux dessins, avec plein de cœurs dans les coins et je lui ai aussi acheté un album à colorier sur les oiseaux. Il adore les oiseaux, Antoine. Au début, je voulais lui acheter des chocolats, mais maman m'a dit que ce n'était pas une bonne idée, à cause de son ventre. Et puis, des chocolats, il y en a plein dans sa boulangerie.

Je croyais qu'il était couché, mais non. Quand je suis arrivée, il regardait la télé. Il avait même une super forme. Il était hyper content de me voir. Il m'a fait un bisou sur la joue.

– Alors, t'es guéri ? lui ai-je demandé.

Il m'a regardée avec des yeux étonnés, comme s'il ne comprenait pas de quoi je parlais, et il a répondu, comme s'il n'avait pas entendu ma question :

– Ma petite sœur, on l'appellera Sofiane.

Antoine

Maman restera trois ou quatre jours à la maternité, et personne n'aura le droit d'aller la voir, sauf moi. Moi, elle m'a dit que j'aurai le droit parce que je suis son grand garçon et qu'elle ne pourra pas rester plusieurs jours sans que je lui fasse des bisous. C'est forcé, elle m'aime beaucoup, beaucoup…

Quand elle sera rentrée à la maison, personne n'aura le droit de toucher au bébé, sauf moi, parce que je serai son grand frère. Maman m'a dit qu'elle me laissera lui donner son biberon. Pas le premier jour, bien sûr, parce qu'il faudra d'abord que je regarde comment elle fait, pour apprendre.

Le dimanche, on ira au parc et je pousserai le landau ; pas trop fort, évidemment, pour ne pas la secouer. Papa viendra avec nous tous les dimanches. Il ne travaillera plus, le dimanche. Il va embaucher un deuxième commis.

– À partir de maintenant, je veux être toujours avec vous ! m'a-t-il dit. En plus, on fermera la boutique le mercredi toute la journée, comme ça on pourra aller chez papy et mamy, à la campagne.

Et puis, quand ma petite sœur va naître, Maman va me faire un cadeau. Elle m'offrira une chaîne en or. Parce que je suis son grand garçon à maman et qu'elle m'aime beaucoup, beaucoup.

Mais ça, je ne peux le dire à personne, même pas à Juliette. C'est un secret entre nous deux ; c'est vrai, elle me l'a dit quand j'ai été opéré de l'appendicite.

L'auteur nous raconte les coulisses de :

La CRISE d'appendicite

Le plus souvent, c'est le hasard de ma vie ordinaire qui m'offre le sujet de mes histoires.

J'ai longtemps été directeur d'une école. C'est dire si je connais le mal de ventre dans les heures qui précèdent la séance de piscine, la migraine juste avant le contrôle de maths, la nausée au moment d'entrer à la cantine le jour des épinards ou du poisson. Mal de ventre, migraine et douleurs sont bien réels. Faut-il pour autant se précipiter chez le médecin ? Non, inutile de courir à la pharmacie. Pour ces maladies-là, je sais que la tendresse et quelques paroles sont infiniment plus efficaces que tous les médicaments de toutes les pharmacies.

Un jour, la réflexion d'un petit garçon m'a donné l'idée de cette histoire. Ses parents lui avaient promis une surprise. Il était très heureux, jusqu'au moment où on lui a annoncé la future naissance d'une petite sœur. Sur le moment il a été déçu et a dit qu'il aurait préféré un vélo pour aller faire de longues balades le dimanche avec papa et maman.

Ah ! Avoir papa et maman pour soi tout seul ! Une petite sœur dans la maison, mais c'était l'annonce d'une catastrophe terrible pour lui.

De là à en faire une crise d'appendicite…

Roger Judenne

L'illustrateur nous raconte les coulisses de :

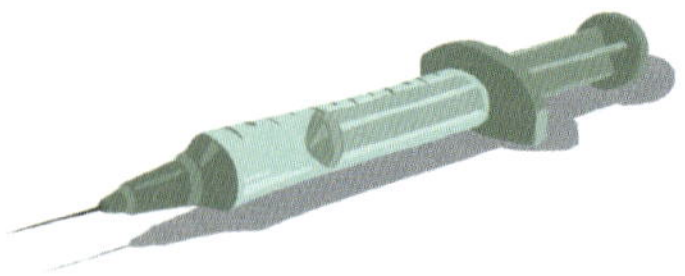

La CRISE d'appendicite

Quand j'ai lu le texte de *La crise d'appendicite* pour la première fois, j'ai tout de suite su que j'allais bien m'amuser !

J'adore dessiner les personnages et, dans cette histoire, il y en a un nouveau à chaque chapitre !

J'aime imaginer leur visage, leur coiffure, leurs habits. J'essaie de les rendre expressifs et attachants.

Le plus souvent, je m'inspire de gens de mon entourage ou de gens que je croise ici ou là.

Si l'un des personnages du livre te ressemble, c'est peut-être toi que j'ai croisé un jour dans la rue…

Amandine Warnet

LES POCHES ILLUSTRÉS :

HUMOUR

Monsieur et Madame Molly ont une fille…
Gudule - Marie Kyprianou

Gentil Kiki !
Michel Amelin - Joëlle Passeron

Le piège à fées
Marie-Sabine Roger - Dorothée Jost

FRISSON

Mort aux rats !
Michel Amelin - Jean-François Dumont

Terreur au Magic Palace
Alain Venisse - Fred Bayle

Le manège de l'oubli
Gudule - Pénélope Paicheler

Le retour de la Bête
Michel Amelin - Nicolas Duffaut

AVENTURE

Échec aux tueurs
Michel Amelin - Vincent Dutrait

Le Labyrinthe du chevalier de Cornador
Arthur Ténor et Natallie - Laurent Hirn

La malédiction de Toutânchaton
Jack Chaboud - Joëlle Passeron

FANTASTIQUE

La révolte des jouets
Olivier Ka - Claude Delamarre

La Guerre des fêtes
Arthur Ténor et Natallie - Valérie Michaut

Le petit garçon qui ne savait pas faire semblant
Yann Autret

Cyber@, la sorcière du net
Jean Molla - Claire Delvaux

CHOSES DE LA VIE

Amours, délices et orgues
Anne-Marie Pol - Aline Bureau

Et pour quelques kebabs de plus
Jean-Luc Luciani - Magali Le Huche

La crise d'appendicite
Roger Judenne - Amandine Wanert

POLICIER

Meurtre au beurre de cacahuète
Florence Aubry - Olivier Balez

Étrange cambrioleur
Marc Séassau - Louis Alloing

Lito
41, rue de Verdun 94500 Champigny-sur-Marne
Imprimé en UE
Loi n° 49-956 du 16 juillet 1949 sur les publications destinées à la jeunesse
Dépôt légal : juin 2006